3

供电企业生产技能人员标准化作业培训教材

西门子3AQ1-EE/EG型断路器检修

福建省电力有限公司　组编

输变电

中国电力出版社
CHINA ELECTRIC POWER PRESS

内 容 提 要

本册书是按照《供电企业生产技能人员标准化作业培训教材》体系的要求，结合生产实际编写而成。本册书共分为两大部分，主要从3AQ1-EE/EG型断路器检修的作业描述、工作流程、工作质量标准、危险点分析等方面予以详细阐述，结合实际作业案例进行分析，并附实际作业案例相关的标准化文本及相关说明。

本册书作者都是长期从事电力生产一线的员工，有较为丰富的现场实际经验，所列举的案例也是实际生产过程中所发生的，具有较强的生产现场指导意义。本册书可作为供电企业变电检修工作人员的培训教学用书，也可作为电力职业院校教学参考用书。

图书在版编目（CIP）数据

供电企业生产技能人员标准化作业培训教材. 输变电/福建省电力有限公司组编. —北京：中国电力出版社，2012.12
ISBN 978-7-5123-3810-4

Ⅰ. ①供… Ⅱ. ①福… Ⅲ. ①供电－工业企业管理－标准化管理－中国－技术培训－教材 ②输电－电力系统－技术培训－教材 ③变电所－电力系统－技术培训－教材 Ⅳ. ①F426.61

中国版本图书馆CIP数据核字（2012）第287838号

中国电力出版社出版、发行
（北京市东城区北京站西街19号 100005 http://www.cepp.sgcc.com.cn）
北京九天众诚印刷有限公司印刷
各地新华书店经售
*
2013年1月第一版 2013年1月北京第一次印刷
787毫米×1092毫米 16开本 84印张 1766千字
全册定价 **232.00** 元

陈艺鑫　陈日坤　陈祥舒　陈朝晖　陈德兴

林　衡　林一泓　林志敏　林志强　林轶群

林海渊　欧世尧　欧永连　罗　松　罗　毅

金建宁　郑哲人　郑雄俊　郑黎斐　赵道阳

施　纬　施广宇　洪西卿　钱志立　翁晓锋

涂恩来　黄　亮　黄国敏　董　磊　傅智为

潘晨曦

前言

preface

为了更好地服务“五大”体系建设，提升生产技能人员良好的“职业化”行为习惯，建立与现场标准化作业生产环境一致的培训课程体系，福建省电力有限公司以现场标准化作业指导书为蓝本，组织开展生产技能标准化作业培训教材的编写工作。为确保教材的编写质量和进度，由总工程师李功新主抓此项工作，多次召集工作协调会，定期听取编写进度汇报；人力资源部负责教材编写的组织工作，运维检修部、科技信通部和调度控制中心负责教材编写的具体工作，福建省电力有限公司和基层单位技术专家组成教材编写与审定小组，公司培训中心负责教材编写框架和编写规范的制订、编写进度跟踪及其他协调工作。

本套教材集中了福建省电力有限公司众多专家学者的智慧，采用了全新的组织架构，突出了基于现场标准化作业的培训特色。本套教材分为配电专业、输变电专业和二次专业三本书，包括91项现场标准化作业项目（子分册），具有很强的针对性和实用性。各项目（子分册）分为两部分：第一部分介绍了各项目的工作流程、工作质量标准与控制、危险点分析与预控、管理与记录要求、作业案例等；第二部分罗列了标准化作业指导书等标准化作业文本，并结合第一部分的作业案例说明了标准化文本的填写规范。部分项目（子分册）还在附录部分对设备等内容进行了说明。

其中，配电专业分为架空线路、配电设备、计量装置及其他设备，由福建省电力有限公司运维检修部高级工程师姚亮担任编写组长，福州电业局、厦门电业局、莆田电业局、泉州电业局、漳州电业局、龙岩电业局、三明电业局、南平电业局、宁德电业局、福清电力公司、石狮电力公司、晋江电力公司、南安电力公司、长乐电力公司等单位的专家参与编写工作。输变电专业分为开关类、线圈类和架空线路及电缆，由福建省电力有限公司运维检修部高级工程师林平担任编写组长，福建省电力科学研究院、检修分公司、福州电业局、厦门电业局、莆田电业局、泉州电业局、漳州电业局、龙岩电业局、三明电业局等单位的专家参与编写工作。二次专业分为继电保护、综合自动化、直流系统和电力通信，由福建省电力有限公司调度控制中心高级工程师宋福海、科技信通部高级工程师连纪文担任编写组长，福建省电力科学研究院、检修分公司、信息通信分公司、福州电业局、厦门电业局、莆田电业局、泉州电业局、龙岩电业局、三明电业局、南平电业局等单位的专家参与编写工作。

本册由福建省电力科学研究院林一泓担任编写组长，福州电业局李积捷、欧世尧、李超、林衡、翁晓锋等编写；福建省电力有限公司运维检修部林平主审，福建省电力科学研究院傅智为、福建省电力检修公司赵道阳、厦门电业局黄亮、泉州电业局庄严、莆田电业局张绍明、龙岩电业局邱振敏、施纬、三明电业局郑黎斐、吴辉煌、李勇明等参审。

本教材在编写、审定过程中得到了福建省电力有限公司有关单位领导和专家的大力支持和帮助，在此一并感谢。同时，也感谢中国电力出版社的大力支持。

由于编者能力所限及编写时间仓促，难免存在疏漏之处，恳请各位专家和读者提出宝贵意见。

目录

contents

前言

第一部分　标准化作业培训……1

1　作业描述……1

2　工作流程……1

3　工作质量标准与控制……1

4　安全风险分析与预控……1

5　管理与记录要求……3

6　作业案例……4

思考与练习……5

第二部分　标准化作业文本……6

1　标准化作业指导书……6

2　安全质量控制卡……19

3　现场勘察单……25

4　变电站电气第一种工作票……26

附录 A　螺栓及螺母紧固力矩对照表……29

附录 B　机构内部分元件图示……29

附录 C　西门子 3AQ1-EE/EG 技术数据……31

附录 D　断路器修后试验项目及标准……33

思考与练习答案……35

第一部分

标准化作业培训

1　作业描述

根据西门子 3AQ1-EE/EG 型断路器检修的标准化作业指导书，介绍停电检修西门子 3AQ1-EE/EG 型断路器的工作流程和质量标准要求。通过流程介绍和列表说明，掌握停电检修西门子 3AQ1-EE/EG 型断路器所需工器具、材料、工作流程、质量标准、作业中的危险点预控、操作步骤、管理要求等内容。

2　工作流程

检修西门子 3AQ1-EE/EG 型断路器的工作流程如图 1-1 所示。

3　工作质量标准与控制

3.1　引用标准

GB 1984－2003　《交流高压断路器》

GB/T 11023—1989　《高压开关设备 SF_6 气体密封试验导则》

GBJ 147—1990　《电气装置安装工程：高压电器施工及验收规范》

DL/T 593—2006　《高压开关设备和控制设备标准的共用技术要求》

Q/GDW 168—2008　《输变电设备状态检修试验规程》

3.2　质量控制

（1）各部分零件完整。

（2）检查机构箱内所有螺栓、螺钉和插头，检查所有电器元件和二次线。

（3）断路器绝缘子表面无脱釉、无裂纹，釉面清洁、光滑，两端法兰结合良好、无脱胶。

（4）SF_6 密度继电器报警、闭锁压力应正确。

（5）计数器动作应正常。

（6）所有从外部可视的螺栓连接和液压系统的连接（包括液压监视装置阀组、液压储压筒）必须无漏油现象。

（7）SF_6 系统检查：压力处于正常范围，泄漏检查，微水合格。

（8）液压操动系统微动接点应可靠、正确动作。

（9）辅助开关接点动作灵活、可靠、正确。

（10）检查机构箱密封情况，达到防尘、防水要求。

4　安全风险分析与预控

危险点：触电

事故案例

1 月 11 日，××供电公司进行 35kV××变电站的 35kV 石垳线 390 间隔和石洋 I 线 394 间隔的断路器小修、线路避雷器、线路 TV 试验、保护首检工作，以及 35kV 1 号站变小修预

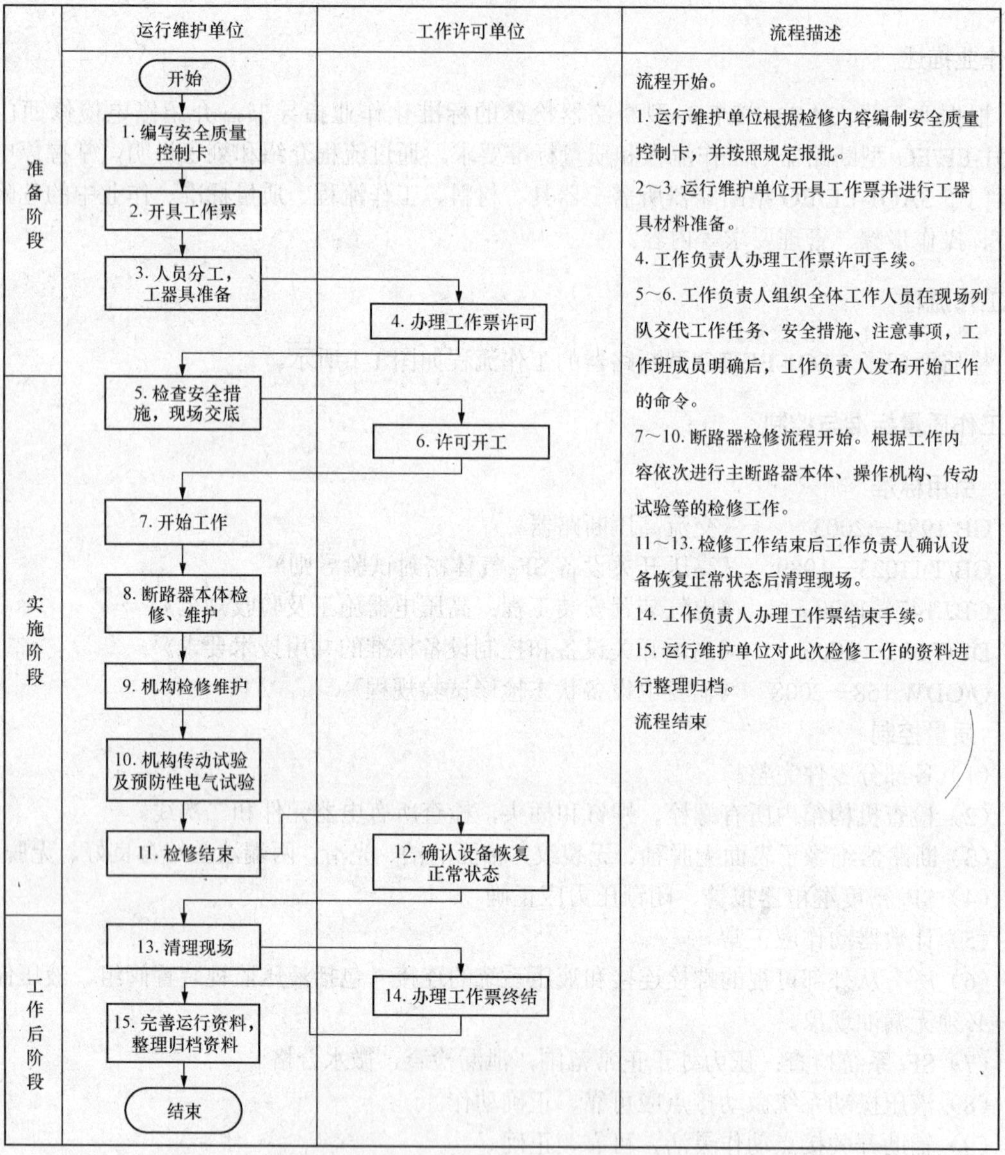

图 1-1　西门子 3AQ1-EE/EG 型断路器检修工作流程图

试工作。工作票签发人陈××开具了201001005号工作票，将三项工作放在同一张工作票中。工作负责人吴××及5名工作班成员持该票进入该变电站进行工作。当班运行人员履行完停电、验电、挂接线等措施后，布置现场围网，将390、394检修间隔安全围网的出入口分别设在与其相临带电的石洋Ⅱ线395断路器间隔区内。10:45，工作许可人翁××许可开工。10:55，工作负责人吴××（班长）未履行任何手续以及进行现场安全交底将另一个工作班组（持201001006号工作票工作）的人员陈××抽调到本班组工作，并离开作业现场和当班运行人员交涉工作票问题，失去对现场工作的安全监护。11:13，临时抽调的人员陈××见相邻的石洋Ⅱ线395断路器操作机构箱门上挂有"在此工作"标示牌，即错误地将绝缘梯搬到带电的395断路器间隔构架，攀爬擦拭绝缘子，陈××在攀爬过程中，两手对395断路器带电部位放电，人从1m左右（绝缘梯第三个阶梯）跌落。

防范措施

（1）严格执行国家电网公司电力安全工作规程和"两票"实施细则。工作票签发人、工作负责人、工作许可人要严格执行《电业安全工作规程》规定的各项安全责任，严格执行工作许可人会同工作负责人现场检查安全措施的规定，指明安全隔离措施，证明检修设备确无电压，全面加强"两票"的审核把关，确保现场安全措施符合现场实际，现场工作安全交底执行到位，不走样。

（2）严格执行公司领导干部生产现场到岗到位规定。针对每项作业，有关领导和管理人员要重点检查作业现场安全措施的设置是否正确、完善、规范，作业环境是否安全，人员精神状态是否良好，安全生产和劳动保护规章制度是否得到严格执行。不得以参加其他工作等为理由，而不履行现场到岗到位规定。

（3）严格执行作业方案和安全措施编制、审查、批准的要求。应根据各单位生产的实际情况，对大小不同的工作，制定不同级别的编制、审查、批准的流程，坚决防止因事前措施不到位，危险点分析不到位，措施不完善导致安全事故的发生。

（4）提高班组安全活动的质量。切实利用班组安全日活动的时间，开展事故案例学习，开展安全规程制度的学习，组织讨论等，有效提高班组安规执行力。

5 管理与记录要求

（1）在现场施工之前，必须在电力生产门户（GPMS）系统内开具变电站电气第一种工作票及安全质量控制卡，并在工作现场充分发挥工作票及安全质量控制卡的工作指导作用。

（2）在现场工作开始前，工作负责人及工作班成员应对即将进行的工作任务、停电范围及安全措施了解清楚，方可参与工作。

（3）工作人员到达工作现场后，在工作前工作负责人应根据工作票仔细核对现场安措布置情况，并对工作班成员进行安全交底。

（4）当工作结束后，工作班应清扫、整理现场。工作负责人应周密地检查，待全体人员撤离工作地点后，再向运行人员交待所修项目、发现的问题、试验结果和存在问题等，并与运行人员共同检查设备状况、状态，有无遗留物件，是否清洁等，然后办理工作终结手续。

（5）检修记录、缺陷流程运转、报表编写上传、完成时限录入到GPMS系统中，并完成设备作业后状态评价。

（6）工作票交底现场录音上传录音系统。

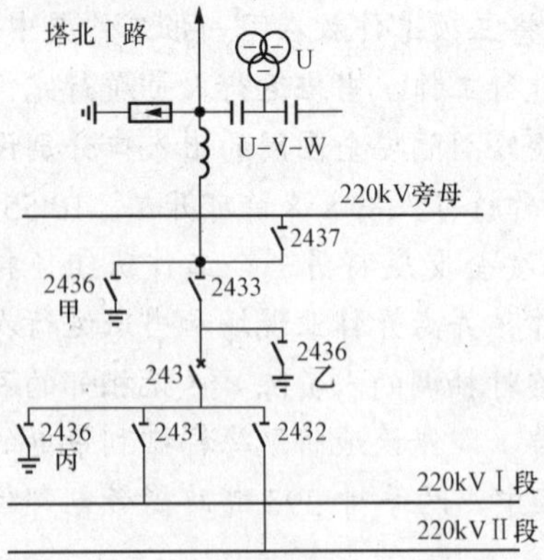

图 1-2　现场接线图

（7）工作票、安全质量控制卡、报表等资料归档。

（8）编制检修总结报告并归档。

6　作业案例

××变电站 220kV 塔北Ⅰ路 243 断路器检修。现场接线如图 1-2 所示。

6.1　作业前准备

（1）现场勘察。

工作负责人接到任务后，应组织有关人员进行现场勘察。应查看接受的任务是否与现场相符，了解作业现场的条件、环境。

（2）技术准备工作。

1）熟悉西门子 3AQ1-EE/EG 型断路器技术资料，明确有关技术要求及质量标准。

2）准备好需检修断路器的资料：产品手册、电气原理图。

3）根据运行、检修和试验记录及现场观察的情况，收集缺陷资料。

4）核实断路器操作次数及开断短路电流的次数，并根据设备状态评价结果，确定检修项目和方案。

（3）工器具、材料和备品备件准备工作。

1）按照检修项目要求，将检修中所需用到的工器具、材料和备品备件运至检修现场。

2）对绝缘零件应采用较好的防潮措施。

3）现场做好安全、防火措施。

（4）开具变电站第一种工作票。

（5）到达现场后，经工作许可后开始工作。

6.2　作业中控制

6.2.1　修前检查项目

（1）检查支持绝缘子和灭弧室绝缘子外表面无脱釉、无裂纹，釉面清洁、光滑，两端法兰结合良好、无脱胶。

（2）检查本体所有螺栓、螺母是否有松动和锈蚀。

（3）检查分、合闸指示是否到位并与开关位置相符。

（4）检查 SF_6 密度继电器。

（5）检查液压系统有无漏油痕迹。

（6）检查机构箱底部是否有碎片、异物，对机构内所有部件进行外观检查。

（7）检查机构箱内所有螺栓、螺钉和插头，检查所有电器元件和二次线。

（8）检查储能指针位置。

（9）检查加热器和门灯功能。

（10）检查机构箱密封情况，达到防尘、防水要求。

6.2.2　作业中检修项目

（1）检查并清洁瓷套。

（2）传动机构，牵条检查。

（3）机构箱清洁检查：有无渗水情况，控制箱内照明及加热器工作情况。

（4）电气接线检查：二次端子接线的紧固情况检查。
（5）液压系统检查：液压油渗漏情况检查（外漏，内泄）。
（6）辅助开关检查：动作的可靠性，切换的灵活性，位置的正确性。
（7）油位、油色检查。
（8）SF_6系统检查：压力处于正常范围，泄漏检查，微水合格。
（9）线圈电阻测量。
（10）压力开关的机械动作及压力值检查。
（11）断路器功能检查（分、合闸，非全相强迫动作、防跳、漏氮闭锁等）。
（12）二次回路绝缘检查。
（13）预防性试验：一次回路电阻，最低动作电压。
（14）检查油质。
（15）更换油泵吸油软管。
（16）清洁液压油箱和过滤器（滤网），真空滤油。
（17）校验 SF_6 密度继电器和油压表。
（18）开关机械特性测试。
（19）现场清理工作及验收。
（20）工作票终结。

6.3 作业后小结

（1）召开班后会，总结工作情况。
（2）在 GPMS 系统中对作业文件进行归档、评估。
（3）编制、整理检修报告，并上传至 GPMS 系统。
（4）将安全交底和班后会录音上传至录音系统，并做好登记。
（5）将安全质量控制卡、工作票等文件归档。
（6）编制检修总结报告并归档。

思考与练习

1．西门子 3AQ1 型断路器停电情况下，油泵如何排气？
2．西门子 3AQ1 型断路器液压系统压力偏低的原因及判断依据？
3．西门子 3AQ1 型断路器氮气预充压力应如何检查？

第二部分 标准化作业文本

1 标准化作业指导书

西门子 3AQ1-EE/EG 型断路器检修

标准化作业指导书

编写：____________ _________ 年 ______月 ______日

审核：____________ _________ 年 ______月 ______日

批准：____________ _________ 年 ______月 ______日

工作负责人：

作业日期：　年　月　日　时至　年　月　日　时

××××公司

1 范围

本指导书适用于西门子高压开关设备有限公司生产的3AQ1-EE/EG型断路器检修。

2 引用文件

GB 1984－2003　《交流高压断路器》
GB/T 11023—1989　《高压开关设备SF_6气体密封试验导则（仅SF_6开关）》
GBJ 147—1990　《电气装置安装工程：高压电器施工及验收规范》
DL/T 593—2006　《高压开关设备和控制设备标准的共用技术要求》
Q/GDW 168—2008　《输变电设备状态检修试验规程》
Q/FJG 10093—2008　《福建省电力有限公司输变电设备状态检修试验规程实施细则》

3 修前准备

3.1 准备工作安排

√	序号	内　　容	标　　准	责任人	备注
	1	开工前10天，向有关部门上报本次工作的材料计划	根据摸底时设备状况及需执行的反措计划		
	2	在工作前7天提交相关停役申请			
	3	开工前3天，准备好施工所需仪器仪表、工器具、相关材料、相关图纸及相关技术资料	仪器仪表、工器具应试验合格，满足本次施工的要求，材料应齐全，图纸及资料应符合现场实际情况		
	4	开工前确定现场工器具摆放位置	现场工器具应定置摆放，确保现场施工安全、可靠		
	5	根据本次作业内容和性质确定好检修人员，并组织学习本指导书	要求所有工作人员都明确本次工作的作业内容、进度要求、作业标准及安全注意事项		
	6	填写第一种工作票，在开工前一天交值班员	工作票应填写正确，并按《电业安全工作规程》执行		

3.2 人员要求

√	序号	内　　容	责任人	备注
	1	现场工作人员的身体状况、精神状态良好		
	2	作业辅助人员（外来）必须经负责施教的人员对其进行安全措施、作业范围、安全注意事项等方面施教后方可参加工作		
	3	特殊工种（吊车司机、电焊工、架子工）必须持有效证件上岗		
	4	所有作业人员必须具备必要的电气知识，基本掌握本专业作业技能及《电业安全工作规程》的相关知识，并经《电业安全工作规程》考试合格		
	5	作业负责人必须是经局批准的		

3.3 备品备件及材料

√	序号	名称	型号规格	单位	数量	备注
	1	清洗剂		瓶	1	
	2	润滑脂	SIEMENS 专用	瓶	1	
	3	松动剂		听	1	
	4	凡士林	SIEMENS 专用	g	25	
	5	无水乙醇	分析纯，500mL/瓶	瓶	2	
	6	百洁布	30cm×20cm	张	2	
	7	白布		m	2	
	8	液压油	与检修断路器所使用的一致	L	5	
	9	防锈油	SIEMENS 专用	g	25	
	10	漆刷	1.5″	把	1	
	11	漆刷	2″	把	1	
	12	塑料薄膜		m	6	
	13	油漆	断路器本色漆	kg	0.5	
	14	防水胶		支	1	

3.4 工器具

√	序号	名称	规格型号（精度）	单位	数量	备注
	1	开口扳手	8″～24″	套	1	
	2	套筒扳手	8″～30″	套	1	
	3	梅花扳手	6″～24″	套	1	
	4	聚乙烯塑料软管	内径ϕ14	m	12	
	5	力矩扳手	8～40N·m	套	1	
	6	一字螺丝刀	3.5″、4″	套	1	
	7	十字螺丝刀	4″、6″	套	1	
	8	力矩扳手	20～100N·m	套	1	
	9	力矩扳手	80～400N·m	套	1	
	10	万用表	常规	只	1	
	11	低电压动作测试仪	直流恒压可调型	套	1	
	12	回路电阻测试仪	100A	台	1	
	13	绝缘电阻表	2500V	只	各 1	
	14	移动线盘	220V、380	只	各 1	
	15	安全带		副		按需要配置
	16	临时接地保安线	>25mm^2	副		按需要配置
	17	放油接头	SIEMENS 3AT/3AQ 型断路器专用	只	1	
	18	吊索	能供最小负载 2000kg	副	1	

表（续）

√	序号	名　称	规格型号（精度）	单位	数量	备注
	19	精密油压表	SIEMENS 3AT/3AQ 型断路器专用	套	1	
	20	绝缘梯	2m	张	2	
	21	登高机具	8m	台	1	
	22	SF_6 检漏仪		套	1	
	23	机械特性仪	ACTAS/XBT100	套	1	
	24	绝缘子探伤试验仪		套	1	
	25	SF_6 充气装置		套	1	

3.5 危险点分析

√	序号	内　　容
	1	误入带电间隔
	2	工作人员或工器具与带电部位安全距离不够，易引起放电
	3	感应电易引起人身伤害意外事故
	4	检修电源设备损坏或接线不规范，会引起低压触电
	5	高处作业不正确使用安全带，易发生高空坠落
	6	断路器传动时，如果设备上有人工作易引起伤害
	7	物品上下抛掷，易伤人或砸坏设备
	8	高空作业车作业时与相邻设备带电距离过近，或碰伤绝缘子，引起事故
	9	高空作业时,人员或工器具发生高空坠落
	10	检修收工，设备上有遗留物

3.6 安全措施

√	序号	内　　容
	1	确认现场安全措施与工作票上所列安全措施一致，且进入检修现场、攀登设备前，须核对设备的双重名称、编号
	2	工作人员或工器具随时与带电部位保持足够的安全距离：220kV≥3.0m。工作必须由二人以上进行，其中一人担任监护
	3	防止感应电，在设备导电部位的工作应使用临时个人保安线
	4	检修电源接线时，必须确认电源线的极性及所需使用的电压，使用的工具金属裸露部位应用绝缘材料包好，有人监护，同时必须使用带漏电保护的电源盘
	5	高处作业应正确使用安全带。安全带应高挂低用、禁止挂在移动或不牢固的物件上
	6	断路器传动前，断路器上所有工作人员应撤离
	7	物品应用绳子传递，禁止抛掷，工器具应系好保险绳或做好其他防坠落的可靠措施
	8	高空作业车操作前与驾驶员、操作人员交待临近带电部位，设立专职监护人员
	9	高空作业车车斗内人员正确使用安全带、安全绳，工具器应使用专用工具器袋
	10	工作结束前，应全面检查设备，确保无遗留物，并将设备恢复至工作许可时的状态

3.7 人员分工

√	序号	作 业 项 目	负责人	作 业 人 员
	1	断路器检修		
	2	安全监护		
	3	材料、资料及工器具管理		

4 作业程序及作业标准

4.1 开工

√	序号	内 容	到位人员签字
	1	工作票负责人按局、工区有关规定办理好工作票许可手续，完成三级交底工作	
	2	本作业负责人对本班工作人员进行明确分工，并在开工前检查确认所有工作人员正确使用劳保用品	
	3	在本作业负责人带领下进入作业现场并在工作现场向所有工作人员详细交待作业任务、安全措施和安全注意事项，全体工作人员应明确作业范围、进度要求等内容，并在到位人员签字栏上分别签名	
	4	专责施教人对辅助人员（外来）按工区规定进行施教，施教内容包括：作业范围、安全措施、安全注意事项等	

4.2 检修电源的使用

√	序号	内 容	标 准	责任人签名
	1	检修电源接取位置	从_____检修电源箱接取，且在工作现场电源引入处配置有明显断开点的刀闸和漏电保护器	
	2	检修电源的配置	电源必须是三相四线并有漏电保护器	
	3	接取电源时注意事项	必须由检修专业人员接取，接取时严禁单人操作；接取电源前应先验电，用万用表确认电源电压等级和电源类型无误后，从检修电源箱内出线闸刀下桩头引出	
	4	检修电源线要求	$2.5mm^2$ 及以上	

4.3 检修内容及工艺标准

√	序号	检修内容	工 艺 标 准	安全措施及注意事项	检修结果	责任人签名
	1	断路器绝缘瓷套检查	1．绝缘瓷套外表应无污垢沉积，无破损伤痕，法兰处无裂纹，与绝缘子胶合良好，釉面无脱落。 2．如有污物需冲洗和擦拭以清洁瓷套表面。 3．用超声波试验设备检查瓷套有无裂纹			

表（续）

√	序号	检修内容	工 艺 标 准	安全措施及注意事项	检修结果	责任人签名
	2	法兰面连接螺栓检查	连接应无松动，如有松动，用相应的力矩紧固			
	3	相间连杆检查（3AQ1-EG）	相间连杆应无变形、锈蚀，各固定螺栓应紧固，并用相应的力矩复紧			
	4	电气元件及其接线检查				
	4.1	检查端子排短接片和接线	断路器汇控箱所有的接线端子排和短接片的接头应无松动，接触良好			
	4.2	远方/就地转换开关 S8 和就地合闸 S9/分闸 S3 按钮检查	S3,S8,S9 安装牢固；二次接线牢固、绑扎整齐；S8 扳到远方时就地不能操作断路器，远方能正常操作断路器；S8 扳到就地时就地能正常操作断路器，远方不能操作断路器			
	4.3	检查继电器接线	断路器汇控箱内所有继电器安装牢固，二次线连接正确，接头无松动，接触良好			
	4.4	储能电源开关和接触器检查	储能电源开关或接触器安装牢固；二次线连接正确,压接、绑扎牢固			
	4.5	检查分、合闸线圈及辅助开关接线	插接件连接紧密，接触良好			
	4.6	加热器检查（常投和温控）	加热器和温控器安装、二次线插头帮扎应牢固，功能应正常；加热器、空气断路器应安装牢固			
	4.7	计数器检查	计数器应动作灵活			
	4.8	照明灯检查	关合机构箱门，照明灯功能应正常			
	4.9	操作机构门、门缓冲器及观察窗检查	机构箱门开一合顺畅；密封性良好；观察窗应清晰、无破损			
	5	液压系统及表计的检查维修				
	5.1	检查油压表	油压表玻璃表面清洁，油压指示清晰可见			
	5.2	检查油质，清洁油箱和过滤器	目测油中应无脏物和沉淀物，无悬浮物，如有悬浮物则需进行真空滤油，滤油时滤油机的滤芯必须用新的滤油管，事先用液压油冲洗后再使用，如严重脏污，应更换新油			
	5.3	更换油泵进油口软管（根据需要）	更换步骤： 1．在油泵下方垫上抹布或毛巾若干。 2．用大力钳或钢丝钳松开软管两头的紧固夹，并把紧固夹移到软管的中部。 3．拔下软管，用大力钳或钢丝钳从软管上退出两只紧固夹，并把紧固夹安装到新的吸油软管上。 4．用干净的棉布清洁两连接口（监控阀出油口和油泵吸油口）上的油迹。 5．按拆卸软管的相反程序装回新的软管。 6．清洁油迹	注意：监控阀出油口和油泵吸油口上的油迹需清洁干净		

表（续）

√	序号	检修内容	工 艺 标 准	安全措施及注意事项	检修结果	责任人签名
	5.4	机构泄漏检查	机构泄漏检查： 1．用 13″的套筒打开机构箱盖子。 2．检查主阀最底部是否有油迹；若有油迹，须顺着油迹往高处仔细查找泄漏点，并判断泄漏程度。 3．检查监控阀块相应位置是否有外泄，如有泄漏，判断泄漏程度。 4．储能筒是否有高压油渗漏。 5．如果有渗漏，根据不同的渗漏部位制定相应的处理方案。 泄漏的判断方法如下：最近渗漏出的液压油颜色鲜艳，呈粉红或者红色。时间长了之后因空气的氧化作用颜色会变深发粘			
	5.5	把处理合格的液压油或新油灌回油箱	应使用真空注油方法，放油桶底部的液压油不得使用，视作废油并按相关规定处理			
	5.6	油泵排气	静止时（断路器处于分闸位置，系统未储能）油位应高过加油口滤网少许；如不合要求，补充相同牌号或相同型号的液压油。如没有，建议排空油箱并用新油清洗后再加入新油。注意：无论何种原因，液压系统的液压油经过排空，注油后都必须进行油泵及液压系统排气。 油泵排气步骤： 1．关闭储能回路的电机电源，将压力泄为零。 2．将油泵上的排气塞部分松开，并保持松开的状态，可以看到有气泡从排气塞边冒出；当排出的油无气泡时，用手拧紧排气塞。 3．合上电动机电源开关，让油泵空转约 1min 后关闭电动机电源开关（此时卸压螺栓保持在卸压状态）。 4．反复以上步骤 3~4，排气，油泵空转，直至泵体内无气体排出。 5．关闭油泵排气螺栓并拧紧，合上电机电源，检查储能筒氮气预充压力。 6．储压到正常压力后，在系统允许的情况下，分、合断路器 2～3 次。 7．卸压，再次检查油泵内有无气体存在； 8．结束操作，关闭泄压阀，锁紧泄压螺栓			
	5.7	液压系统排气	根据需要对液压系统进行排气处理，具体排气步骤和操作方法如下： 1．断开储能开关，液压系统卸压至零，打开储能筒排气阀上的小螺栓并取下小螺栓（用 8″的套筒或开口扳手），再松开储能筒上排气阀（用 13″的套筒或开口扳手），不能取下，同时用内径为 14mm 的聚氯乙烯透明塑料管套在排气阀上，并一直套到阀座的喇叭口上，塑料管的另一头塞进低压油箱的加油口。			

表（续）

√	序号	检修内容	工 艺 标 准	安全措施及注意事项	检修结果	责任人签名
	5.7	液压系统排气	2．用同样的方法和程序连接液压缸以及防慢分装置排气阀。 3．连接完毕后，合上储能开关，慢慢逆时针转动泄压阀小螺栓，直至泄压阀完全关闭；液压系统开始排气。 4．观察相关排气口流出的液压油，直至无气泡为止。 5．排气结束，拆除排气管：为了避免在拆除排气管时空气倒流进液压系统内，建议在油泵开启的情况下拆除，具体方法如下：顺时针转动泄压阀小螺栓，使泄压阀完全打开；关闭排气阀（带着排气管一起转动）；拆下排气管，把排气管内的油倒回油箱。 6．盖好油箱盖，拧紧排气阀，装回小螺栓，清洁油迹，盖好排气阀黑盖。 7．检查储能筒氮气预充压力、从零压开始的储能时间、分合分操作后的压力、重新储能的时间。 8．检查结束，关闭泄压阀（逆时针松出小螺栓），并锁紧泄压阀小螺栓			
	5.8	氮气预充压力检查	氮气预充压力检查步骤： 1．断开储能空气开关，液压系统泄压至零。 2. 关闭泄压阀，合上储能空气开关，按住 K9 使电动机强制打压。 3．油压表指针会快速上升至某一压力值，而后开始缓慢上升，该压力值即为氮气预充压力。 4．确定预充压力准确值须按以上步骤多次反复操作，使得到的压力值趋于一致，即认为该值是预充压力。 断路器出厂标准：195～200bar/20℃，如果氮气预充压力偏低，检查无异常泄漏后，对储能筒进行补气（只允许补充纯度为 99.99%，氧含量<50μL/L、水分含量<30μL/L 的高纯氮，并需要一套压缩机和气泵系统）或者更换新的氮气储能筒			
	5.9	油压表校验	校验的具体方法如下： 1．断开储能电源空气开关 F1，液压系统泄压至零。 2. 用 27″的开口扳手打开控制箱监控阀上的校验接口。 3．把精密油压表的检测头安装到校验接口。 4．合上储能电源空气开关 F1，液压系统储能。 5．在储能的过程中，观察油压表的指示压力，当油压表的指示压力到达某个需要校验的数值时，可以断开储能电源空气开关，并比较油压表的指示压力和精密油压表的指示压力之间的差值，并做记录。			

表（续）

√	序号	检修内容	工 艺 标 准	安全措施及注意事项	检修结果	责任人签名
	5.9	油压表校验	6．为了准确，请重复校验多次。 7．比较结果，对偏差在 0～5bar 之间的，无需处理；对偏差在 5～12bar 之间，记录偏差，并作标记；对偏差 > 12bar，作更换处理。 8．校验结束，断开储能电源空气断路器，液压系统泄压至零，拆除精密油压表的检测头。 9．恢复校验口的密封连接，清除表面油迹			
	5.10	记录储能时间、补压时间和打压次数/天	20℃环境温度下，储能时间（从零起打压）直流电动机为 6.5min，交流电动机为 8.5min；温度降低储能时间会延长（原因是氮气预充压力受温度影响）；补压时间为 3～5s；液压机构 24h 打压次数应≤24 次			
	5.11	压力开关检查	应对压力开关进行除尘并喷润滑剂，使其动作灵活可靠，其动作值要求在厂家允许的范围之内，如果偏差超标，需进行调整： 1．氮气泄漏闭锁（355±4）bar（B1/4-6）。 2．起泵压力（320±4）bar（B1/1-2）。 3．自动重合闸闭锁（308±4）bar（B1/7-8）。 4．油压低合闸闭锁（273±4）bar（B2/4-5）。 5．油压低分闸闭锁（253±4）bar（B2/1-2，B2/7-8）	注意：电子式压力接点只需校验是否有报警或闭锁动作即可		
	5.12	安全阀功能检查	安全阀的动作值为：365bar～412bar，恢复值为等于或大于油泵起动值 10bar			
	5.13	液压系统内漏检查	断路器合闸，打压至自动停泵后断开储能电源空气断路器 F1，静置 15min，开始计时并观察记录 1h 后的油压降，油压降应小于 5bar/h； 断路器分闸，打压至自动停泵后断开储能电源空气开关 F1，静置 15min，开始计时并观察记录 1h 后的油压降，油压降应小于 5bar/h			
	6	电气试验				
	6.1	测量分、合闸线圈电阻及绝缘电阻的检查	1．分、合闸线圈外观检查合格，无鼓肚、损坏等现象。 2．DC 220V：普通线圈（合分闸）：145±5%Ω，快速线圈（分闸）：4.5±10% Ω。 3．用 1000V 绝缘电阻表测量，分、合闸线圈对地绝缘电阻应大于 2MΩ			
	6.2	测量 RC 回路电阻和电容容量（带 RC 快速分闸回路的断路器进行该项目检查）	1．检查 RC 回路连接可靠。 2．电阻：DC220V：75±5%Ω。 3．电容：130±10%μF			

表（续）

√	序号	检修内容	工 艺 标 准	安全措施及注意事项	检修结果	责任人签名
	6.3	防跳功能检查	断路器处于“分闸”：给“合闸”指令并一直按住键（持续指令），在“合闸”指令下给“分闸”指令，此时尽管“合闸”指令未取消，但断路器只允许合闸后再分闸且不允许再合闸； 断路器处于“合闸”：给“合闸”指令并一直按住键（持续指令），约 1s 后，在“合闸”指令下给“分闸”指令，此时断路器只允许分闸	注意：断路器使用此功能时才可校验，否则连续分、合闸可能会损坏断路器本体		
	6.4	合闸闭锁功能校验	断路器处于分闸状态然后泄压至合闸闭锁（273bar）以下，K12 或 K12LA/B/C 释放（3AQ1-EG 只有 K12 继电器），就地或远方进行合闸操作，断路器不应有合闸动作			
	6.5	分闸闭锁功能校验	断路器处于合闸状态然后泄压至分闸闭锁（253bar）以下，K10/K55/K26 释放，就地或远方进行分闸操作，断路器不应有分闸动作			
	6.6	氮气泄漏报警、闭锁功能校验	强制打压至 355bar 以上，氮气泄漏报警信号发出，同时闭锁合闸；3h 后闭锁分闸，此时断路器无法电气分、合闸；闭锁后用 S4 复位（实际测量时时间可以调小，如 10s 等）			
	6.7	打压超时闭锁功能校验（断路器使用此功能时才校验）	泄压至启泵压力以下，同时断开储能电源空气断路器 F1，打压时间超过 K67 所设定的时间后，K9 失电，同时发打压超时报警信号；打压超时报警信号可用 S4 复位；如无效可按住 K9 强制打压至 330bar 以上来复位			
	6.8	S4 复位功能检查	S4 为一钥匙开关，插入钥匙，并转动钥匙，检查是否正确复位			
	6.9	测量主回路电阻	用直流压降法测量电流应不小于 100A，电压线接在内侧，电流线接在外侧，主回路电阻应≤42μΩ，运行设备可在此标准上浮 20%			
	6.10	测量断路器低电压动作特性	断路器低电压动作特性应符合国家标准，测量断路器低电压动作特性注意： 1．进行工作过程中，所有分、合闸操作不得跳过闭锁接点和辅助开关 S1 接点（对带有 RC 回路的断路器影响很大）。 2．测试分、合闸线圈最低动作电压时应点动试验。 3．测试之前应确认测试仪器的输出功率是合适的（输出电压不会因为带上负载而降低）。			

表（续）

√	序号	检修内容	工 艺 标 准	安全措施及注意事项	检修结果	责任人签名
	6.10	测量断路器低电压动作特性	4．每次做低电压前，该相的油压都应该在 330 bar 左右。 5．应确认测试仪器的输出电压与仪器所指示的电压是一致的。 6．测试之前应检查测试仪器是否有交流分量（有交流分量输出的易烧毁线圈和电阻，一般交流分量小于 10V）和直流分量输出（有直流分量输出，带 RC 回路的断路器可以导致实际上的低电压值偏高，并损坏 RC 回路元件）			
	6.11	测试断路器的机械特性	1．3AQ1EE 型： 带 RC 回路：合闸时间为（100±5.0）ms、分闸时间为（24±3.0）ms； 无 RC 回路：合闸时间为（100±5.0）ms、分闸时间为 36±3.0 ms； 合闸速度为（2.7±0.5）m/s、分闸速度为（7.2±1.0）m/s。 2．3AQ1EG 型： 带 RC 回路：合闸时间为（100±5.0）ms、分闸时间为（24±3.0）ms； 无 RC 回路：合闸时间为（100±5.0）ms、分闸时间为（36±3.0）ms； 合闸速度为（2.5±0.5）m/s、分闸速度为（7.9±1.0）m/s； 合闸不同期：≤3ms，分闸不同期：≤2ms； 速度行程曲线应符合产品的技术要求			
	6.12	测量二次回路绝缘	二次回路绝缘不低于 2MΩ			
	6.13	二次回路交流耐压	试验电压 2kV（电动机 900V）			
	7	SF_6系统检查试验				
	7.1	SF_6 密度继电器外观检查	1．SF_6 密度继电器玻璃表面清洁，气压指示清晰可见。 2．SF_6 密度继电器与本体连接可靠，无松动。 3．SF_6 密度继电器接点应无受潮、锈蚀			
	7.2	检查 SF_6 密度继电器的动作值	1．连接充气装置，减压阀侧与气瓶连接。 2．打开测试口螺母，并与充气装置的测试接头相连。 3．打开减压阀，使高压气体充进管道，观察精密气压表，使气体压力达到报警值以上			

表（续）

√	序号	检修内容	工 艺 标 准	安全措施及注意事项	检修结果	责任人签名
	7.2	检查 SF_6 密度继电器的动作值	4．关闭减压阀，微微打开精密气压表的放气阀，使管道内的气体缓慢泄压（泄压的快慢直接影响报警闭锁接点的准确性）；同时测量密度计的报警闭锁接点，测得密度计接点状态发生变化时，马上关闭放气阀，此时精密气压表上的读数即为该接点相应的动作值。 5．为了准确，请重复校验多次。 其中：额定压力值为：0.7MPa，报警压力值为：0.64MPa，闭锁压力值为：0.62MPa			
	7.3	SF_6 检漏	断路器年漏气率不大于 0.5%，检测应在无风的条件下进行。 1．检漏仪（如 GasFindIR 红外成像检漏仪与手持检漏仪结合使用等）检查断路器各部位、SF_6 充气管路、充气阀块和密度继电器接口等部位是否有漏气。 2．用检漏仪时，每一个检查点要保持在 15s 以上。如有泄漏，根据漏点部位制定处理方案			
	7.4	必要时的补气	SF_6 气体压力应符合断路器铭牌要求（须与温度曲线对照判断），SF_6 补气应严格按照工艺要求			
	7.5	微水测量	运行设备的露点应≤－32.2℃，微水值应≤300μL/L			
	7.6	SF_6 气体中空气含量和分解产物检测	1．用百分含量仪测量 SF_6 气体的百分含量，SF_6 气体含量≥95%。 2．气体分解产物应符合标准要求			
	8	防腐情况检查	检查所有的须作防腐处理部位的防腐情况，在需要重新处理部位作防腐处理			
	9	自验收	自验收要全面、仔细、认真进行，做到无漏项，修必修好			

5 竣工

√	序号	内 容	责任人员签字
	1	清理工作现场，将工器具全部收拢并清点，废弃物按相关规定处理，材料及备品备件回收清点	
	2	按相关规定，关闭检修电源	
	3	做好检修记录，记录本次检修内容，有无遗留问题	

表（续）

√	序号	内　　容	责任人员签字
	4	会同验收人员验收对各项检修、试验项目进行验收	
	5	会同验收人员对现场安全措施及检修设备的状态进行检查，要求恢复至工作许可时状态	
	6	经全部验收合格，做好检修记录后，办理工作票结束手续	

6　验收记录

<table>
<tr><td rowspan="2">自验收记录</td><td>记录改进和更换的零部件</td><td></td></tr>
<tr><td>存在问题及处理意见</td><td></td></tr>
<tr><td rowspan="4">验收单位意见</td><td>检修班组自评价及签字</td><td></td></tr>
<tr><td>检修部门验收意见及签字</td><td></td></tr>
<tr><td>运行单位验收意见及签字</td><td></td></tr>
<tr><td>公司验收意见及签字</td><td></td></tr>
</table>

7　作业指导书执行情况评估

<table>
<tr><td rowspan="4">评估内容</td><td rowspan="2">符合性</td><td>优</td><td></td><td>可操作项</td><td></td></tr>
<tr><td>良</td><td></td><td>不可操作项</td><td></td></tr>
<tr><td rowspan="2">可操作性</td><td>优</td><td></td><td>建议修改项</td><td></td></tr>
<tr><td>良</td><td></td><td>遗漏项</td><td></td></tr>
<tr><td>存在问题</td><td colspan="5"></td></tr>
<tr><td>改进意见</td><td colspan="5"></td></tr>
</table>

2 安全质量控制卡

编号：

班组作业安全质量控制卡

作业名称：××局－变电开关类－××班××变 220kV 塔北Ⅰ路 243 开关检修

工作负责人编写：________ 审核：________ 批准：________

作业性质：多专业 计划时间：___年__月__日__时__分至___年__月__日__时__分

1 作业前

1.1 作业前内业准备

序号	名 称	规 格	单位	数量	确认
1．现场勘察 * 确认栏内需签字确认		勾选：□已勘察 □无需勘察			
2．工器具					
2.1	标准工具箱	详见标准工具箱配置表	套	1	
2.2	常规检修工器具	详见常规检修工器具表	套	1	
3．仪器					
3.1	仪器	详见仪器表	套	1	
4．材料					
4.1	材料	详见材料备品备件表	套	1	
5．防护用品					
5.1	防护用品	详见安全防护用品表	套	1	
6．车辆					
6.1	专用车辆	详见作业车辆表			
7．绝缘梯					
7.1	绝缘梯	详见绝缘梯表			
8．作业文件					
8.1	工作票编号				
8.2	作业文件（设备台账资料、设备说明书、接线图、报表）等				
9．其他（录音笔、红马甲）					

1.2 出工准备

序号	名 称	确认
1	班组班前会	
2	出工三检查	

2 作业中

2.1 作业组班前会

2.1.1 本作业危险点分析及安全措施交底

序号	危险点分析	安全控制措施	确认
1	高空作业时，人员或工器具发生高空坠落	应正确使用安全带；应使用合格的登高工具并专人扶持，绑扎牢固；工器具应系好保险绳或做好其他防坠落的可靠措施	
2	一次引线拆、接过程中，击伤人员或附件	使用传递绳传递引线，拆除后应及时绑扎牢固	
3	进行机构内二次回路工作时，误碰带电二次接线，造成短路或失地，人员触电	使用带有绝缘包扎的工器具。拆线前做好标记，随拆即采取绝缘包扎措施。接回时，应由第二人进行复查	
4	检修电源设备损坏或接线不规范,会引起低压触电	检修电源接线时，必须确认电源线的极性及所需使用的电压,使用的工具金属裸露部位应用绝缘材料包好,有人监护,同时必须使用带漏电保护的电源盘	

2.1.2 其他班组间配合或交叉作业危险点分析及安全措施交底

序号	相关班组	危险点名称	安全控制措施	确认
1	保护班	开关保护整组试验与检修工作交叉进行容易发生人身伤害事故	要求试验开始时先通知检修人员，检修人员应中止工作并撤离试验区域，确保人身安全	
2	高压班	开关高压试验与检修工作交叉进行容易发生人身伤害事故	试验前，确保检修人员已撤离试验区域。试验中大声唱和	

2.1.3 安全措施确认

我已知晓上述工作地点、工作内容、停电范围、作业分工、危险点及安全控制措施，精神状态良好，确认签字：

2.2 关键工序安全质量控制

序号	检修内容	质量安全控制	确认
1	断路器绝缘瓷套检查	1．绝缘瓷套外表应无污垢沉积，无破损伤痕，法兰处无裂纹，与瓷瓶胶合良好。 2．如有污物需冲洗和擦拭以清洁瓷套表面。 3．用超声波试验设备检查瓷套有无裂纹	
2	法兰面连接螺栓检查	连接应无松动，如有松动，用相应的力矩紧固	
3	电气元件及其接线检查		
3.1	检查端子排短接片和接线	断路器汇控箱所有的接线端子排和短接片的接头应无松动，接触良好	
3.2	远方/就地转换开关 S8 和就地合闸 S9/分闸 S3 按钮检查	S3,S8,S9 安装牢固；二次接线牢固、绑扎整齐；S8 扳到远方时就地不能操作断路器，远方能正常操作断路器；S8 扳到就地时就地能正常操作断路器，远方不能操作断路器	

表（续）

序号	检修内容	质量安全控制	确认
3.3	检查继电器接线	断路器汇控箱内所有继电器安装牢固，二次线连接正确，接头无松动，接触良好	
3.4	储能电源开关和接触器检查	储能电源开关或接触器安装牢固；二次线连接正确,压接、绑扎牢固	
3.5	检查分、合闸线圈及辅助开关接线	插接件连接紧密，接触良好	
3.6	加热器检查(常投和温控)	加热器和温控器安装、二次线插头帮扎应牢固，功能应正常；加热器空气断路器应安装牢固	
3.7	计数器检查	计数器应动作灵活	
3.8	照明灯检查	关合机构箱门，照明灯功能应正常	
3.9	操作机构门、门缓冲器及观察窗检查	机构箱门开—合顺畅；密封性良好；观察窗应清晰、无破损	
4	液压系统及表计的检查维修		
4.1	检查 SF_6气压表和油压表	SF_6气压表和油压表玻璃表面清洁；气压、油压指示清晰可见；如严重脏污，应清洗	
4.2	检查油质，清洁油箱和过滤器	目检油中应无脏物和沉淀物，无悬浮物，如有悬浮物则需进行滤油（滤油时滤油机的滤芯必须用新的滤油管，事先用液压油冲洗后再使用，如严重脏污，应更换新油	
4.3	更换油泵进油口软管	更换步骤： 1．在油泵下方垫上抹布或毛巾若干。 2.．用大力钳或钢丝钳松开软管两头的紧固夹，并把紧固夹移到软管的中部。 3．拔下软管，用大力钳或钢丝钳从软管上退出两只紧固夹，并把紧固夹安装到新的吸油软管上。 4．用棉布清洁两连接口（监控阀出油口和油泵吸油口）上的油迹。 5．按拆卸软管的相反程序装回新的软管。 6．清洁油迹。 注意：监控阀出油口和油泵吸油口上的油迹需清洁干净，否则会影响日后该部位的密封性能以及对液压系统液压油外漏情况的检查	
4.4	机构泄漏检查	泄漏的判断方法如下：最近渗漏出的液压油颜色鲜艳，呈粉红或者红色，时间长了之后因空气的氧化作用颜色会变深发粘。如果液压油不成滴，且已被氧化，则可以认为渗漏已经停止，清洁后无需处理	
4.5	把处理合格的液压油或新油灌回油箱	放油桶底部的液压油不得使用，视作废油并按相关规定处理；不要把油灌到油箱外，以免造成机构有外漏的误判断	
4.6	油泵及液压系统排气	静止时（断路器处于分闸位置，系统未储能）油位应高过加油口滤网少许；如不合要求，补充相同牌号或相同型号的液压油。如没有，建议排空油箱再用新油清洗后再加入新油。注意：无论何种原因，液压系统的液压油经过排空，注油后都必须进行油泵及液压系统排气	
4.7	氮气预充压力检查	断路器出厂标准 195～200bar/20℃。如果氮气预充压力偏低，检查无异常泄漏后，对储能筒进行补气（只允许补充纯度为 99.99%，氧含量<50μL/L、水分含量<30μL/L 的高纯氮，并需要一套压缩机和气泵系统）或者更换新的氮气储能筒	

表（续）

序号	检修内容	质量安全控制	确认
4.8	油压表校验	0＜偏差＜5bar 不必处理；5＜偏差＜12bar 做记录；偏差≥12bar 更换	
4.9	记录储能时间	20℃环境温度下，储能时间直流电动机大约为 6.5min，交流电动机约为 8.5min；温度降低储能时间会延长（原因是氮气预充压力受温度影响）	
4.10	压力开关检查	压力开关应动作灵活可靠，其动作值要求在厂家允许的范围之内，如果偏差超标，需进行调整： 1．氮气泄漏闭锁（355±4）bar（B1/4-6）。 2．起泵压力（320±4）bar（B1/1-2）。 3．自动重合闸闭锁（308±4）bar（B1/7-8）。 4．油压低合闸闭锁（273±4）bar（B2/4-5）。 5．油压低分闸闭锁（253±4）bar（B2/1-2，B2/7-8）。 注意：电子式压力接点只需校验是否有该报警或闭锁动作即可；机械式压力接点动作值在现场可校验和调整，电子式压力接点动作值在现场只可校验，如需调整须有专用软件和数据转换器通过电脑进行调整	
4.11	安全阀功能检查	安全阀的动作值为：365～412bar，恢复值为大于或等于油泵起动值 10bar	
4.12	液压系统内漏检查	断路器合闸，打压至自动停泵后断开储能电源空气断路器 F1，静置 15min，开始计时并观察记录 1h 后的油压降，油压降应小于 5bar/h； 断路器分闸，打压至自动停泵后断开储能电源空气断路器 F1，静置 15min，开始计时并观察记录 1h 后的油压降，油压降应小于 5bar/h	
5	电气试验		
5.1	测量分、合闸线圈电阻	DC 110V：普通线圈（合分闸）：45±5%Ω，快速线圈（分闸）：4.5±10%Ω。 DC 220V：普通线圈（合分闸）：145±5%Ω，快速线圈（分闸）：4.5±10%Ω	
5.2	测量 RC 回路电阻和电容容量（带 RC 快速分闸回路的断路器进行该项目检查）	电阻：DC110V：15±5%Ω，DC220V：75±5%Ω。 电容：130±10%μF	
5.3	防跳功能检查	断路器处于“分闸”：给“合闸”指令并一直按住键（持续指令），在“合闸”指令下给“分闸”指令，此时尽管“合闸”指令未取消，但断路器只允许合闸后再分闸且不允许再合闸。 断路器处于“合闸”：给“合闸”指令并一直按住键（持续指令），约 1s 后，在“合闸”指令下给“分闸”指令，此时断路器只允许分闸。 注意：断路器使用此功能时才可校验，否则连续分、合闸可能会损坏断路器本体	
5.4	合闸闭锁功能校验	断路器处于分闸状态然后泄压至合闸闭锁（273bar）以下，K12 释放，就地或远方进行合闸操作，断路器不应有合闸动作	
5.5	分闸闭锁功能校验	使断路器处于合闸状态然后泄压至分闸闭锁（253bar）以下，K10/K55/K26 释放，就地或远方进行分闸操作，断路器不应有分闸动作	
5.6	氮气泄漏报警、闭锁功能校验	强制打压至 355bar 以上，氮气泄漏报警信号发出，同时闭锁合闸；3h 后闭锁分闸，此时断路器无法电气分、合闸；闭锁后用 S4 复位（实际测量时时间可以调小，如 10s 等）	

表（续）

序号	检修内容	质量安全控制	确认
5.7	打压超时闭锁功能校验（断路器使用此功能时才校验）	泄压至启泵压力以下，同时断开储能电源空气断路器 F1，打压时间超过 K67 所设定的时间后，K9 失电，同时发打压超时报警信号；打压超时报警信号可用 S4 复位；如无效可按住 K9 强制打压至 330bar 以上来复位	
5.8	S4 复位功能检查	S4 为一钥匙开关，插入钥匙，并转动钥匙，检查是否复位	
5.9	测量主断口回路电阻	用直流压降法测量电流应不小于 100A，电压线接在内侧，电流线接在外侧，主断口回路电阻应≤42μΩ，运行设备可在此标准上浮 20%	
5.10	测量断路器低电压动作特性	断路器低电压动作特性应符合国家标准，测量断路器低电压动作特性注意： 1．进行以上工作的过程中，所有分、合闸操作不得跳过闭锁接点和辅助开关 S1 接点（对带有 RC 回路的断路器影响很大）。 2．测试分、合闸线圈最低动作电压时应点动试验。 3．测试之前应确认测试仪器的输出功率是合适的（输出电压不会因为带上负载而降低）。 4．每次做低电压前，该相的油压都应该在 330 bar 左右。 5．应确认测试仪器的输出电压与仪器所指示的电压是一致的，不一致的应明确两者的偏差。 6．测试之前应检查测试仪器是否有交流分量（有交流分量输出的易烧毁线圈和电阻，一般交流分量小于 10V）和直流分量输出（有直流分量输出，带 RC 回路的断路器可以导致实际上的低电压值偏高，并损坏 RC 回路元件）	
5.11	测试断路器的机械特性	断路器的机械特性（合闸时间、分闸时间、合闸同期、分闸同期、合闸速度、分闸速度、合分时间，）应符合出厂试验报告	
5.12	测量二次回路绝缘	二次回路绝缘不低于 2MΩ	
5.13	二次回路交流耐压	试验电压 2kV（电动机 900V）	
6	SF_6系统检查试验		
6.1	检查 SF_6 密度继电器的动作值	具体参数请参考该断路器的出厂试验报告	
6.2	SF_6检漏	断路器年漏气率不大于 0.5%，检测应在无风的条件下进行，可根据运行巡视纪录和测微水补气等记录来判断是否有泄漏，是否需要检漏和处理	
6.3	必要时的补气	SF_6气体压力应符合断路器铭牌要求（须与温度曲线对照判断）	
6.4	微水测量	运行设备的露点应≤-32.2℃，微水值应≤300μL/L	
6.5	SF_6 气体中空气含量和分解产物检测	1．SF_6气体含量≥95%。 2．气体分解产物应符合标准要求	
7	防腐情况检查	检查所有的须作防腐处理部位的防腐情况，在需要重新处理部位作防腐处理	

2.3 作业验收

2.3.1 检修人员验收

序号	验 收 内 容	确认
1	检查断路器螺栓无丢失均已上紧	
2	检查断路器储能空气断路器合上	

表（续）

序号	验 收 内 容	确认
3	检查现场无遗留工器具、材料，所有工作人员已经撤离现场	
4	工作负责人验收签字：	

2.3.2 运维人员验收

运维人员验收： 检修记录已登记，现场已验收合格。　　　　运维人员确认签字：

2.4 作业组班后会

序号	项 目	确认
1	作业组班后会	
2	存在问题及措施：	

3 作业后

3.1 作业后内业工作

序号	项 目	内 容	确认
1	GPMS 流程运转	缺陷流传运转、报表编写上传、完成时限填写、完成设备作业后评估	
2	录音上传	工作票录音	
3	作业文件归档	安全质量控制卡、工作票、报表	

3.2 作业评价

评价情况：经检查，本控制卡________________，存在__________________问题，已向________提出。

检查人：________________

_____年____月____日

3 现场勘察单

××电业局（供电公司）电力变电工作现场勘察单

编号：×××××

<table>
<tr><td>工作名称</td><td>220kV ××变电站220kV塔北Ⅰ路243断路器检修</td><td>勘察单位</td><td>×××××</td></tr>
<tr><td>工作范围</td><td colspan="3">××变电站220kV塔北Ⅰ路243断路器</td></tr>
<tr><td>工作主要内容</td><td colspan="3">××变电站220kV塔北Ⅰ路243断路器检修</td></tr>
<tr><td>现场勘察情况图示（工作范围及保留带电部分图示等布置图）</td><td colspan="3">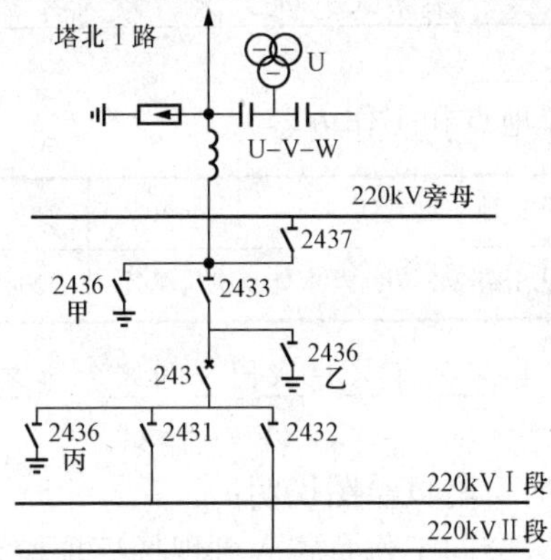
</td></tr>
<tr><td rowspan="8">现场勘察情况说明</td><td colspan="3">1. 邻近、交叉或跨越带电设备距离：</td></tr>
<tr><td colspan="3">作业时220kV Ⅰ、Ⅱ段、旁路母线带电，即2431隔离开关靠Ⅰ段母线侧带电，2432隔离开关靠Ⅱ段母线侧带电，2433隔离开关靠线路侧带电</td></tr>
<tr><td colspan="3">2. 工作地段周围环境：</td></tr>
<tr><td colspan="3">路边</td></tr>
<tr><td colspan="3">3. 地下管网布置情况：</td></tr>
<tr><td colspan="3">无</td></tr>
<tr><td colspan="3">4. 其他</td></tr>
<tr><td colspan="3">无</td></tr>
<tr><td>现场工作安全要求</td><td colspan="3">1. 220kV××变电站220kV塔北Ⅰ路243断路器转检修。
2. 需高处作业，应准备好登高安全工器具，如安全带、工具包等。
3. 需使用高空升降平台，作业时应有专人监护</td></tr>
<tr><td colspan="4">审核：××× 勘察人：×××、××× 勘察日期：××年×月×日</td></tr>
</table>

4 变电站电气第一种工作票

××电业局（供电公司）
××变电站电气第一种工作票

编号：××-BB-B1-××B-2012-××××

1．部门：变电检修部

工作班组：××××班

工作负责人：李××

2．工作人员：林××、王××、张××、欧××、陈××、张××、张××、吴××、徐×× 共 9 人

3．工作任务（工作地点和工作内容）：

工作地点	工作内容
220kV××变电站 220kV 塔北Ⅰ路 243 断路器本体及机构箱处	220kV××变电站 220kV 塔北Ⅰ路 243 断路器检修

4．计划工作时间：自××年×月×日×时×分至××年×月×日×时×分

5．安全措施：

电气接线图或必要时可附页绘图说明：

许可前由工作许可人会同工作负责人到现场逐项检查核对后打√。

序号	应断开的断路器、刀闸，应取下的熔丝，应解除的继电保护连接片等（包括填写前已断开、取下、解除的）注明编号	已执行
1	断开塔北Ⅰ路 243 断路器	
2	断开塔北Ⅰ路 2431、2432、2433 刀闸	
3	断开塔北Ⅰ路 243 断路器Ⅰ、Ⅱ组直流操作电源空气断路器	
4	断开塔北Ⅰ路 2431、2432、2433 刀闸操作电源空气断路器	
序号	应装接地线、应合接地刀闸（注明接地线具体位置，并留出空位由许可人注明接地线编号）	已执行
1	合上 2436 乙接地刀闸	
2	合上 2436 丙接地刀闸	
序号	应设遮栏、应挂标示牌、防止二次回路误碰的措施	已执行
1	应在塔北Ⅰ路 2431、2432、2433 刀闸操作把手上挂“禁止合闸，有人工作”标示牌	
2	在塔北Ⅰ路 243 断路器本体及机构箱处分别悬挂“在此工作”标示牌，在其四周装设安全围网，并向内挂“止步，高压危险！”标示牌，将安全围网延伸至巡视通道口处，在道口开放出入口并悬挂“从此进出”标示牌	

工作地点保留带电部分（或注意事项）签发人或工作负责人填写	补充工作地点保留带电部分和安全措施许可人填写
1．工作地点仅限于工作票上所列的工作地点	

表（续）

工作地点保留带电部分（或注意事项）签发人或工作负责人填写	补充工作地点保留带电部分和安全措施许可人填写
2．工作前应核对设备名称、编号、工作地点，严禁误入带电间隔，严禁误登、误碰带电设备	
3．高处作业应正确使用安全带，严禁低挂高用	
4．220kV Ⅰ、Ⅱ段及旁路母线均在运行中，工作中应注意人、物应与220kV带电部位保持有3m及以上的安全距离	
5．工作中应加强现场安全监护	

二次工作安全措施票（票号）：________________

工作票签发人签名：×××签发日期：××年×月×日×时×分

收到工作票时间：××年×月×日×时×分 值班人员签名：×××________

6．确认本工作票1～5项

许可工作时间：____年__月__日__时__分

工作许可人签名：________ 工作负责人签名:________

7．工作人员变动：

增添人员姓名	日	时	分	工作负责人签名	离去人员姓名	日	时	分	工作负责人签名
				、					

8．工作负责人变动：

原工作负责人________离去，变更________为工作负责人。

变动时间:____年__月__日__时__分　　工作票签发人签名:________

9．工作票延期：有效期延长到：____年__月__日__时__分

工作负责人签名:________　值长或值班长负责人签名：________

10．每日开工和收工时间（使用一天的工作票不必填写）

收工时间				工作负责人	工作许可人	开工时间				工作负责人	工作许可人
月	日	时	分			月	日	时	分		

11．工作结束：设备及安全措施已恢复至开工前状态，现场已清理完毕，工作班人员已全部撤离。全部工作于 ____年__月__日__时__分结束。

工作负责人签名：________　工作许可人签名：________

12．工作票终结：临时遮栏、标示牌已拆除，常设遮栏已恢复。接地线编号________________等共___组、接地刀闸（小车）共__________副（台）未拆除或拉开，已汇报调度。

工作许可（当值）人签名：__________时间：____年__月__日__时__分

13．备注：

（1）检修工作中允许试分合的设备：

允许试分合的设备	解锁执行人	解锁时间	操作人	监护人	操作设备时间
		日　时　分			日　时　分
		日　时　分			日　时　分
		日　时　分			日　时　分
		日　时　分			日　时　分

（2）工作负责人指定专职监护人：

第一组________负责监护__________________________________

第二组________负责监护__________________________________

第三组________负责监护__________________________________

（3）其他补充安全措施：__________________________________

____

____

____

（4）其他事项：____

____

____

14．交任务、交安全措施确认：我对工作负责人布置的工作任务及安全措施已明白无误，所有安全措施已能确保我的工作安全。

工作班人员签名：____

____

____

15．评价情况：经检查本票为________票。存在________________

________________________问题，已向__________指出。

检查人：__________

____年____月____日

附　录　A
螺栓及螺母紧固力矩对照表

附表 A-1　螺栓及螺母紧固力矩对照表

紧固件规格	强度等级（N·m）			
	4.8	5.6	8.8	10.9
M3	0.6±0.1	0.7±0.1	1.4±0.1	—
M3.5	1±0.1	1±0.1	2±0.2	—
M4	1.4±0.1	1.5±0.1	3±0.3	—
M5	3±0.2	3±0.3	6±0.5	—
M6	5.1±0.4	6±0.5	8±1	12±2
M8	—	12±2	20±2	30±3
M10	—	25±3	40±4	60±6
M12	—	40±4	70±7	100±10
M16	—	100±10	170±20	250±25
M20	—	±	340±30	500±50
M24	—	±	600±60	800±80
>M24		根据图纸要求		

注　未提供力矩强度的规格不推荐使用。

附　录　B
机构内部分元件图示

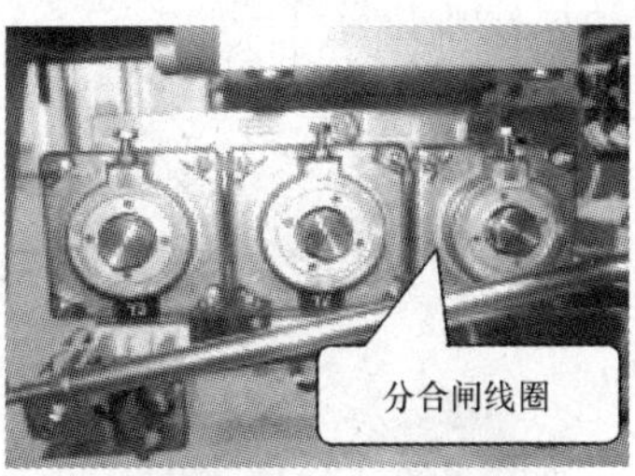

附图 B-1　分合闸线圈

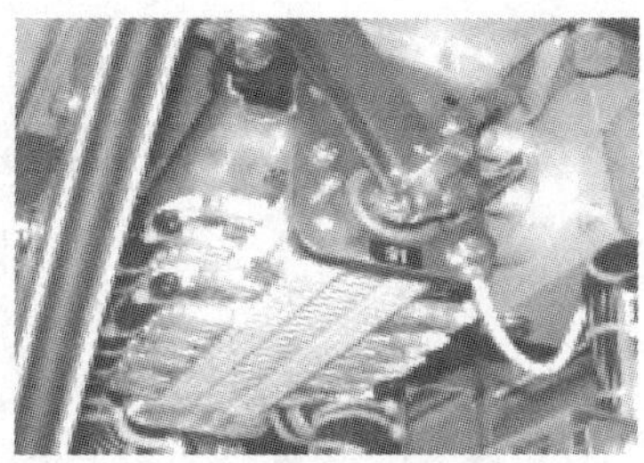

附图 B-2　辅助开关 S1

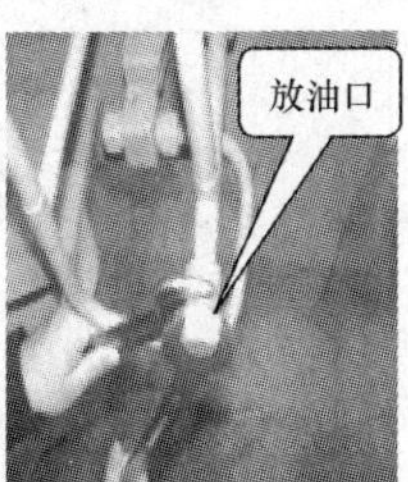

附图 B-3　放油口

附图 B-4　放油接头

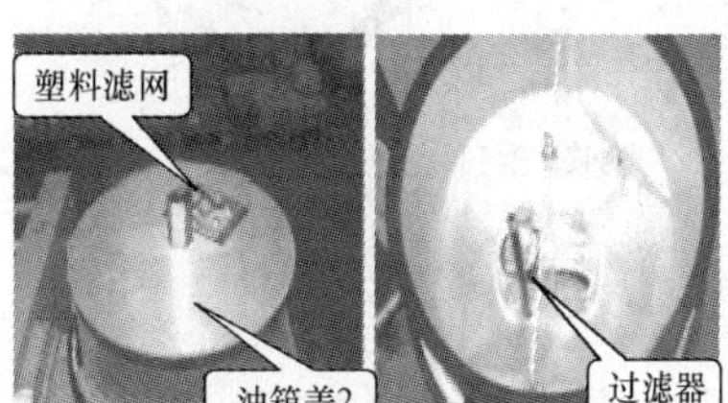

附图 B-5

附图 B-6　吸油软管

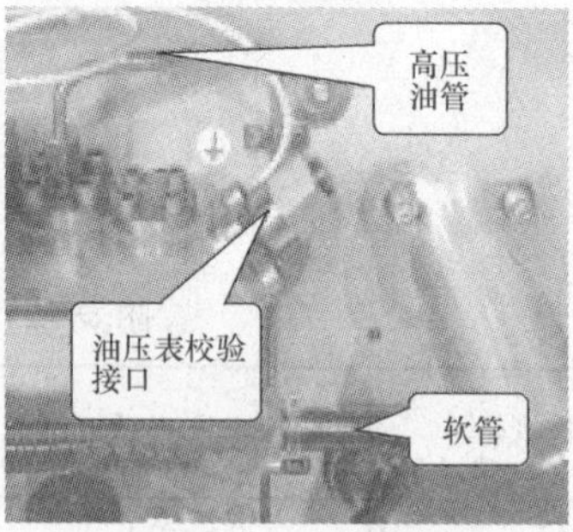

附图 B-7　液压监控单元

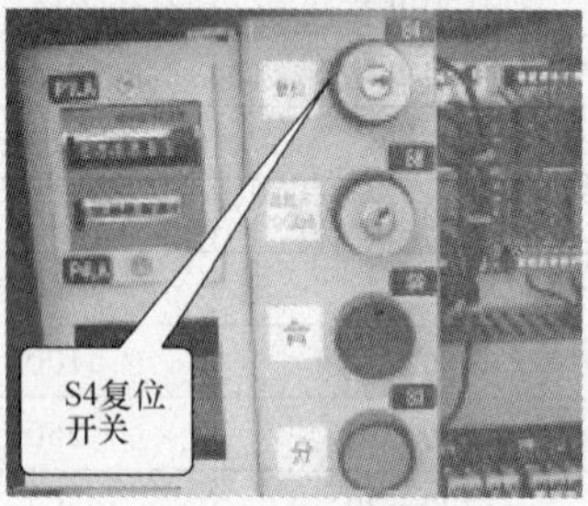

附图 B-8　控制面板

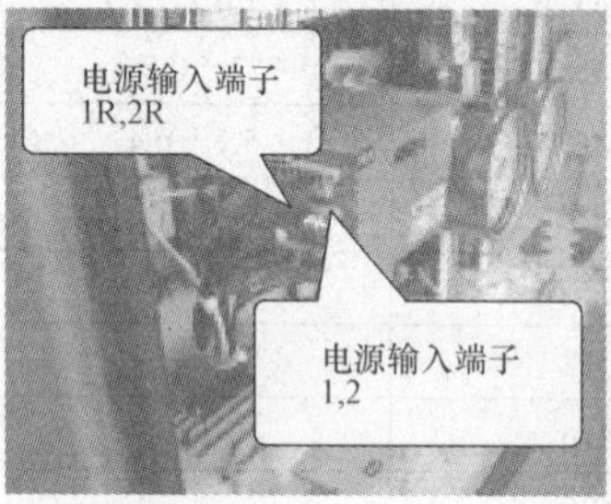

附图 B-9　电子式压力监控单元

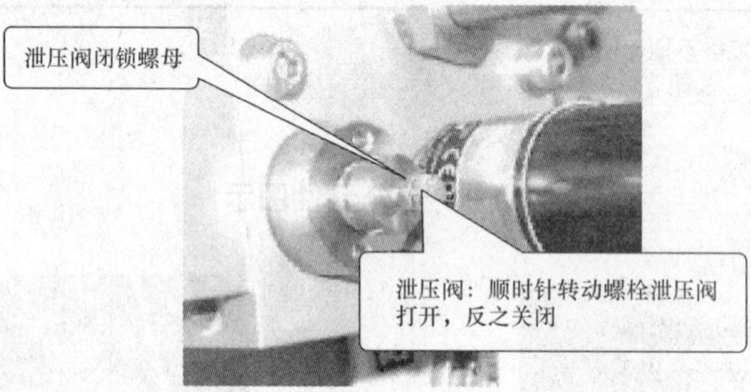

附图 B-10　泄压阀

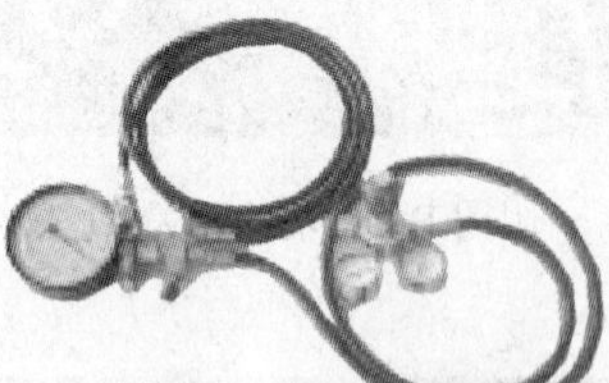

附图 B-11　充气装置

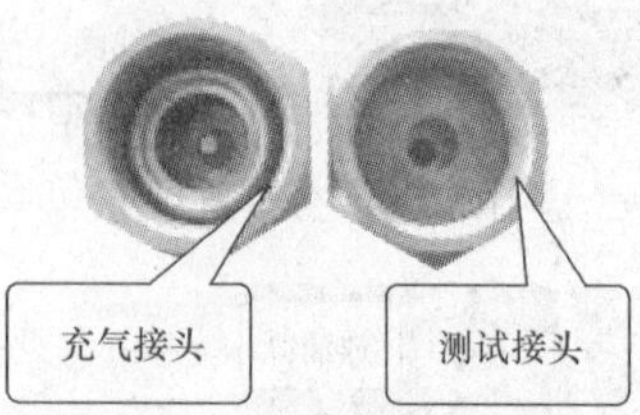

附图 B-12　充气和测试接头

附 录 C

西门子 3AQ1-EE/EG 技术数据

附表 C-1 主要技术参数

<table>
<tr><th colspan="2">名称</th><th>出厂标准数</th><th>备注</th></tr>
<tr><td colspan="2">型式</td><td>户外柱式</td><td></td></tr>
<tr><td colspan="2">断口数</td><td>1</td><td></td></tr>
<tr><td colspan="2">额定电压（kV）</td><td>≤220</td><td></td></tr>
<tr><td colspan="2">额定电流（A）</td><td>3150 / 4000</td><td></td></tr>
<tr><td colspan="2">额定频率（Hz）</td><td>50</td><td></td></tr>
<tr><td colspan="2">主断口回路电阻（μΩ）</td><td>≤42</td><td>运行设备可在此标准上提高 20%</td></tr>
<tr><td colspan="2">温升试验电流</td><td>I_n</td><td></td></tr>
<tr><td rowspan="3">额定短路开断电流（kA）</td><td>交流分量有效值</td><td>40</td><td></td></tr>
<tr><td>开断次数</td><td>20</td><td></td></tr>
<tr><td>首相开断系数</td><td></td><td>具体以设备铭牌为准</td></tr>
<tr><td colspan="2">额定短路关合电流（kA）</td><td>160</td><td></td></tr>
<tr><td colspan="2">额定短时耐受电流及持续时间（kA、s）</td><td>3</td><td></td></tr>
<tr><td colspan="2">额定峰值耐受电流（kA）</td><td>160</td><td></td></tr>
<tr><td colspan="2">合闸时间（ms）</td><td></td><td>具体以出厂试验报告为准</td></tr>
<tr><td colspan="2">分闸时间（ms）</td><td></td><td>具体以出厂试验报告为准</td></tr>
<tr><td colspan="2">重合闸无电流间隙时间（ms）</td><td>300</td><td></td></tr>
<tr><td colspan="2">分闸不同期（ms）</td><td>≤2</td><td></td></tr>
<tr><td colspan="2">合闸不同期（ms）</td><td>≤3</td><td></td></tr>
<tr><td colspan="2">机械稳定性</td><td>单相 6000 次</td><td></td></tr>
<tr><td colspan="2">额定操作顺序</td><td>O-0.3s-CO-3min-CO</td><td></td></tr>
<tr><td colspan="2">辅助和控制回路短时工频耐受电压（kV）</td><td>2</td><td></td></tr>
<tr><td colspan="2">操动机构型式</td><td>液压机构</td><td></td></tr>
<tr><td colspan="2">电动机电压（V）</td><td>AC 380/DC 220</td><td></td></tr>
<tr><td colspan="2">控制电压（V）</td><td>DC 220 / DC 110</td><td></td></tr>
<tr><td rowspan="4">合闸操作电源</td><td>额定操作电压（V）</td><td>DC 220 / DC 110</td><td></td></tr>
<tr><td>操作电压允许范围</td><td>80%~110%</td><td></td></tr>
<tr><td>每相线圈数量（只）</td><td>1</td><td></td></tr>
<tr><td>每只线圈稳态电流（A）</td><td>≤4</td><td></td></tr>
<tr><td rowspan="4">分闸操作电源</td><td>额定操作电压（V）</td><td>DC 220 / DC 110</td><td></td></tr>
<tr><td>操作电压允许范围</td><td>65%~120%</td><td></td></tr>
<tr><td>每相线圈数量（只）</td><td>2</td><td></td></tr>
<tr><td>每只线圈稳态电流（A）</td><td>≤4</td><td></td></tr>
</table>

附表 C-1（续）

名　　称		出厂标准数	备　　注
加热器	工作电压（V）	AC 380/AC 220	
	每相功率（W）	60.5	
辅助开关触点	备用数量（对）	12	
	开断能力	DC 220/3 A	
液压操动机构工作压力	最高压力（bar）	375	
	额定压力（bar）	320	
	最低压力（bar）	263	
液压机构大修周期（年）		25	
液压操动机构	油泵不启动时闭锁压力下允许的操作次数	2×CO 或 1×O-0.3s-CO	
	出厂时液压系统内泄标准（bar/h）	≤2	
	泄漏标准（bar/h）	≤5	
	S/P	0.9	
合闸线圈电阻（Ω）		45±5%	DC 110 V
合闸线圈电阻（Ω）		145±5%	DC 220 V
分闸线圈电阻（Ω）		45±5%	DC 110 V（普通分闸回路）
分闸线圈电阻（Ω）		145±5%	DC 220 V（普通分闸回路）
分闸线圈电阻（Ω）		4.5±10%	带 RC 快速分闸回路
分闸（RC）回路电阻（Ω）		75±5%	DC 220 V
分闸（RC）回路电阻（Ω）		15±5%	DC 110 V
分闸（RC）回路电容（μF）		130±10%	AC 330V，-40℃/85℃
触头行程（mm）		230±10	

附表 C-2　主要液压系统和 SF_6 气体压力参数

名　　称		出厂标准数	备　　注
油压低分闸闭锁（bar）		253±4	油压下降，接点动作
油压低合闸闭锁（bar）		273±4	油压下降，接点动作
自动重合闸闭锁（bar）		308±4	油压下降，接点动作
油泵启动（bar）		320±4	油压下降，接点动作
氮气泄漏闭锁（bar）		355±4	油压上升，接点动作
安全阀动作压力（bar）		375～412	
氮气预充压力		195～200bar/20℃	$P_t=P_{20}+\Delta P$,bar 其中 $\Delta P=t-20$℃
液压储能筒泄漏率（bar/年）		2.5	适合使用于环境温度大于-40℃的断路器
液压机构 24h 打压次数（次）		≤24	
SF_6 气体压力（20℃表压）	最高，bar	≤7.5	

附表 C-2（续）

名称		出厂标准数	备注
SF_6气体压力（20℃表压）	额定,bar	7.0	具体以出厂试验报告为准
SF_6气体湿度 μL/L（V）	交接验收	≤150	新安装或大修后断路器
	运行	≤300	运行中断路器
20℃时 SF_6泄漏报警压力（bar）		6.4	具体以出厂试验报告为准
20℃时 SF_6泄漏闭锁压力（bar）		6.2	具体以出厂试验报告为准
SF_6泄漏率（%/年）		0.5	排除测微水取样气的损耗和环境温度的变化
SF_6纯度（%）		≥99.8	新安装断路器
		≥95	运行中断路器

注 压力接点的相应返回值不作要求。

附表 C-3 主要机械调整参数

名称	出厂标准数	备注
提升杆调整公差（mm）	45±0.25	定位后提升杆上端面与最上端支撑法兰面之间的距离
合闸线圈空行程（mm）	2～4.5	线圈铁芯顶杆从自然状态运动至碰到合闸球阀的位移量
合闸线圈动力行程（mm）	1±0.1	线圈铁芯顶杆从碰到合闸球阀运动至铁芯极限位置的位移量
分闸线圈空行程（mm）	2～3	线圈铁芯顶杆从自然状态运动至碰到分闸球阀的位移量
分闸线圈动力行程（mm）	1±0.1	线圈铁芯顶杆从碰到分闸球阀运动至铁芯极限位置的位移量

附 录 D
断路器修后试验项目及标准

附表 D-1 断路器修后试验项目及标准

√	序号	试验项目	试验方法	安全措施及注意事项	试验标准
	1	回路电阻测量	1．采用直流压降法，测试电流≥100A。 2．使用回路电阻测试仪测试，测量时，电流线夹在断口一侧的外端，电压线夹在内端	1．接线时应做好防止高空坠落措施。 2．高压试验前，应与其他班负责人互相协调，试验时应有专人监护，在进行高压试验后应对试品充分放电。 3．断路器整组试验前应征得试验工作负责人许可，试验前可将开关切换到就地状态并和相关负责人做好沟通。 4．试验过程应有专人监护并呼唱，当出现异常情况时，应立即断开电源，查明原因后，方可继续试验。 5．测试过程中，严禁测试回路开路	主回路电阻：≤49μΩ
	2	分、合闸线圈电阻测试	使用万用表进行测量	试验前应确认断路器控制电源是否已断掉，机构能量已完全释放	分、合闸线圈：210± 5%Ω
	3	主回路绝缘电阻测试	1．应进行相间/相对地及断口的绝缘电阻测量，使用电压不小于 2500V 绝缘电阻表进行测试。		

附表 D-1（续）

√	序号	试验项目	试验方法	安全措施及注意事项	试验标准
	3	主回路绝缘电阻测试	2．将断路器处于合闸位置进行相间/相对地的测量，在进行相间测量时，应将非被试项接地。进行断口绝缘电阻测试时，将断路器处于分闸状态，断口的一端短路接地，另一端进行绝缘电阻测试	1．接线时应做好防止高空坠落措施。 2．试验过程应有专人监护并呼唱，防止其他人员误入试验区域。 3．测试完需充分放电。 4．转速不小于 120r/min	主回路合闸对地≥2000MΩ
	4	辅助回路绝缘电阻测试	使用 1000MΩ 绝缘电阻表进行测试，测试时一端夹被试品，另一端接地。测试完需充分放电	1．试验前应确认断路器控制电源已断掉。 2．试验过程应有专人监护并呼唱，防止其他人员误入试验区域。 3．转速不小于 120r/min	辅助回路对地、电动机线圈对地≥2MΩ
	5	合、分闸电磁铁的动作电压	采用可调式直流操作电源，将电压加至规定值，启动仪器，操作断路器	1．测试时，应防止串入站内运行直流系统。 2．测试过程应防止机械伤人。 3．试验过程应有专人监护并呼唱，当出现异常情况时，应立即停止试验，将电压归零，断开电源，查明原因后，方可继续试验	1．合闸电磁铁在电源等于或小于66V 时不应动作，在额定电源电压为176～242V 范围内应可靠动作。 2．分闸电磁铁在电源等于或小于66V 时不应动作，在额定电源电压为143～242V 范围内应可靠动作
	6	机械特性试验	断路器一侧断口及测试仪N 端应良好接地。 将三相断口的信号接入到仪器的时间通道，用仪器上的直流电源串联在断路器的分、合闸控制回路，操作仪器测量三相的分、合闸时间、同期，合一分时间。 在断路器的传动杆上安装位移传感器，用导线将信号接入仪器的速度测量通道，用仪器上的直流电源串联在断路器的分、合闸控制回路，操作仪器测量速度及行程曲线	1．测试过程应防止机械伤人。 2．测试时，应防止串入站内运行直流系统。 3．应检查控制回路的接线。 4．试验过程应有专人监护并呼唱，当出现异常情况时，应立即停止试验	分闸时间：19～25ms； 合闸时间：≤40ms； 相间同期性： 合闸≤5ms， 分闸≤3ms； 分闸速度：8.0~8.7m/s， 合闸速度：7.4~8.0m/s； 行程曲线应符合产品的技术要求
	7	SF_6 气体微水、纯度检测	利用微水测量设备进行测量		SF_6气体含水量≤300μL/L； SF_6气体纯度≥95%
	8	1min 工频耐压测量（kV）	1．应进行相间/相对地及断口的工频耐压试验。 2．将断路器处于合闸位置进行相间/相对地的工频耐压试验，在进行相间工频耐压试验时，应将非被试项接地。进行断口工频耐压试验时，将断路器处于分闸状态，断口的一端短路接地，另一端加工频耐压值	1．接线时应做好防止高空坠落措施和注意保持与带电设备距离。 2．检查试验接线正确无误。 3．试验过程应有专人监护并呼唱，防止其他人员误入试验区域。 4．试验过程如出现异常情况时，应立即停止试验，查明原因后，方可继续试验。 5．试验完毕应充分放电	主回路合闸对地：395×80%； 主回路分闸断口间：395×80%； 控制回路对地：2kV； 辅助回路对地：2kV

思考与练习答案

1．答：油泵排气步骤：

（1）关闭储能回路的电动机电源，将压力泄为零。

（2）将油泵上的排气塞部分松开，并保持松开的状态，可以看到有气泡从排气塞边冒出；当排出的油无气泡时，用手拧紧排气塞。

（3）合上电机电源开关，让油泵空转约 1min 后关闭电动机电源开关（此时卸压螺栓保持在卸压状态）。

（4）反复以上步骤（3）～（4），排气，油泵空转，直至泵体内无气体排出。

（5）关闭油泵排气螺栓并拧紧，合上电机电源，检查储能筒氮气预充压力。

（6）储压到正常压力后，在系统允许的情况下，分、合断路器 2～3 次。

（7）卸压，再次检查油泵内有无气体存在。

（8）结束操作，关闭泄压阀，锁紧泄压螺栓。

2．答：（1）储能电源断电；依据及方法：检查储能电源。

（2）打压超时继电器 K67 动作；依据及方法：K67/A1-A2 之间有额定控制电压。

（3）压力开关 B1/1-2 接点压力值向下漂移；依据及方法：断开 F1，泄压校验（如果开关处于运行中，泄压不得低于 310bar）。

（4）储能系统（电动机、油泵）部件损坏；依据及方法：储能电源正常，按住 K9，油泵不工作或不建压。

3．答：氮气预充压力检查步骤：

（1）断开储能空气断路器，液压系统泄压至零。

（2）关闭泄压阀，合上储能空气断路器，按住 K9 使电动机强制打压。

（3）油压表指针会快速上升至某一压力值，而后开始缓慢上升，该压力值即为氮气预充压力。

（4）确定预充压力准确值须按以上步骤多次反复操作，使得到的压力值趋于一致，即认为该值是预充压力。